월계수

laurel

월계수

laurel

신정아 시화집

좋은
옥토

목차

하늘의 소리 · 7

운공 · 8

초극의 아르세우스 · 10

용문서 · 12

天心 · 15

아담과 이브 · 17

대운하 · 19

신비 · 21

선비 · 23

천인 · 25

천주 · 27

천주의 빛 · 29

천주의 힘 · 32

용문서답 · 34

천리향 · 36

대우주의 율사 · 38

설유화 · 42

봄의 정령 · 46

고통 · 49

태산 · 53

예술가 · 55

동백꽃 · 58

laurel

신들의 외출 · 60

비상 · 63

모닝커피와 젊은이 · 66

신선도 · 73

천명 · 76

머시 · 78

인연 · 80

체리 · 84

건강 · 88

작은 앵무새 · 92

굿모닝 아이돌 · 96

소설같은 여자 친구 · 100

월계수 화실 · 108

꿈꾸는 달팽이 · 112

마음 · 115

새와 성역과 성자 · 118

눈뜨고자 하는 자 · 121

영혼 · 124

다른 존재 · 127

정령의 노래 · 130

하늘의 소리

하늘의 여인아!
너였구나!!
네가 이 땅을 지키며
달려오고 있었구나!!!

운공

초심 初心
일심 一心
불심 佛心
천심 天心

초한자루가 일어나면
불이 된다.
천상의 마음이 된다.

오감

초극의 아르세우스

신의 영역과 인간의 영역은
엄연한 결계가 있거늘
신역을 탐한 자
용서치 않으리라!
언어가 실패하고..
기억이 실패하고..
인간이 신을 선택하는 것이 아니라
신이 인간을 선택한다.

삼족오

용문서

하늘빛은 다르다..

땅의 빛과 다르다..

하늘꽃의 빛깔이 다르듯

땅의 꽃의 빛깔이 다르다..

그 이치를 아는가..

하늘의 옷이 다르듯 땅의 옷이 다르다..

하늘새의 옷이 다르듯 땅의 새의 옷이 다르다..

신선과 무당의 옷이 다르다..

그 차이를 아는가..

인간의 일생을 점지하신 하늘이

인간의 앞일을 봐주는게

무슨 의미가 있겠는가..

묻지마라.. 나는 아무것도 모른다..

나는 나조차도 모른다..

무아지경이다..

그러나 하늘과 땅을 이롭게 하는

천지이서의 주인이라는 건 알고 있다..

신선들이 하늘과 땅의 이치로

깨달음에 오르면

널리 인간세상에 이로우리라!..

화가의 꽃

天心

얼마나 아프고 아파야
하늘의 눈을 떠오리까.

얼마나 슬프고 슬퍼야
하늘의 마음이 되오리까.

얼마나 괴롭고 괴로워야
하늘의 소리가 열리리까.

얼마나 고통스럽고 고통스러워야
하늘의 정신에 닿으리까.

얼마나 사무치고 사무쳐야
하늘의 영혼에 오르리까.

신들의 전쟁에서
하늘님은 절대자며
신과 타이탄의 심판자다!..

신선로

아담과 이브

이브는 하늘의 사람이라

하늘색이고 하늘사랑

아담은 땅의 사람이라

바다색이지 바다사랑

하늘과 바다는

너무 멀어서

만날 수가 없다!..

하늘아, 나의 하늘아..

바다야, 나의 바다야..

천상의 가위

대운하

은하철도 777
메텔 신정아

무형체가 형체다
그러나 존재한다
우주의 도는
존재자체다
존재하는데 존재하지 않고
존재하지 않는데 존재한다

2018

이티

신비

나는 누구인가?
어디서 와서
어디로 돌아가는가??
나는 이땅의 여인이 아니라
하늘의 여인!
하늘에서 와서
하늘로 돌아간다!!

나비

선비

나는 누구인가?

어디서 와서

어디로 돌아가는가??

나는 이땅의 남자가 아니라

하늘의 남자!

하늘에서 와서

하늘로 돌아간다!!

활

천인

번뇌와 기억을 버리고
해탈한 존재!
해탈하라..
해탈하라..
해탈하라..

꿈

천주

하느님을 유일무일 신이라
부르는 인간들이
어찌 하늘을 둘로 나누어
아버지 하느님과
어머니 하느님으로
따로이 부르는가?
어찌 인간의 이치를
갖다대어 감히
하늘을 논하는가?
어리석기 그지 없구나!
땅의 도를 닦느라
하늘의 도가 부족함이로다.

잠자는 정령

천주의 빛

천산을 지키는
의로운 혼들이여!
그대들!
죽어서 신이 되지 말고
살아서 신이 되어라!

인간이 살아서 신의 옷을
입는것은 가히
불가능한 일이다!

그대들!
드디어 살아서 신의 옷을 입었으니
하늘의 도를 닦아
하늘에 오르라!
오래오래 기다렸다..
올림푸스에 온 걸 환영한다!

장하구나! 천역의 눈과 귀와
마음의 등불을 밝혀
살아서 하늘에 온 인간이여!
내가 보이느냐???

나비여신

천주의 힘

하늘의 신부가 왔다!

알라신이여!
네가 하늘이더냐?

시바신이여!
그리하면 네가 하늘이더냐?

과연 누가 하늘이더냐?
바로 천주가 하늘이다!!!
이땅의 모든 신을 업으러 왔다!

천상의 노래

용문서답

북극곰이
동해바다 거북에게
저녁무쏘 물었더니
백호라 대답했다.

인어공주

천리향

봄바람 한줄기 살짜기 불어와
천리향 꽃나무 꽃가지위
물오른 꽃봉오리들 어루만지면
움찔 코끝 찡한 꽃향기
머금고 있다가
큰 숨을 내쉰다.
월계수 초록잎새 닮은
천리향 잎사귀들
도란도란 어우러져
서로 사이가 좋아 보인다.
갑자기 어릴적 동무를 만난 것처럼
설레어 보인다.

방탄

대우주의 율사

하늘에서 어떤 분이

내 안에 내려오셨어..

그 순간 내 머리카락이 우주까지 날아갔어..

그리고 내 숨결이 우주까지 닿았어..

어떻게 이런 일이 있을 수 있지?..

나는 눈이 동그래졌어..

내 온 몸에 우주의 바람이 감겼어..

지구 바람과는 다른 더 큰 힘의 기운이

감도는 거센 바람이었어..

아무도 거역할 수 없는

차가운 바람이었어..

그 분은 여신이셨어..

대 우주의 율사셨어..

지구의 신들은 그 분을

알아보지 못했지..

지구의 신들은 그 분을

한 번도 뵌 적이 없었거든..

그래서 지구의 신들은

우주의 율법대로

우주신을 모시지 못해 혼이났어..

그래도 그들은

어디 계신지 알아보지 못했어..

하늘의 율이 내리는 대로

하늘의 말씀으로

혼이 나고 있었어..

빨리 그 분을 찾아 모셔야 하는데

지구의 신들은 야단이 났어..

단 한번도 본 적이 없어서

찾을 수가 없었거든..

그 분이 지나가도 알아보지 못했어..
그 분은 바로 여인이셨기 때문이었어..

대우주의 율사가 여신이셨어..

지구의 신들은 모두
기절을 해 버렸지..

봄의 여신

설유화

사월의 봄을 알리는
하얀 눈꽃같은 눈부신 꽃송이
봄 햇살아래 바람결에 너무도 설레여서
멀리서 바라보다 바라보다
아리도록 눈에 넣었더니
발걸음이 저절로 걸어서
그 앞에 가만히 섰다

쪼그마한 옹골진 꽃송이들
나를 부르다 부르다
나를 기다리다 기다리다
목이 터졌다

해질녘 애써 시간내어
한걸음 한걸음 걸었더니
저녁 햇살조차 끈질기게
설유화 꽃송이들 비추다 비추다

해가 넘어가 버렸다

슬픔이다 살아보려
애쓰는 마음조차 슬프다
옹골지게 피어보려 애쓰는
꽃송이들조차 슬퍼 보인다
훅~ 내 안에 뜨거운 에너지가
한자락 하늘로 솟구쳤다

차가운 강바람 다리위에
즐비하게 늘어선 태극기들
펄럭펄럭 힘차다
강다리 건너 저 멀리
도심속 옥외건물 스크린에는
타임지에 실린 코리아 문대통령의
얼굴이다 몬스터다
염라대왕 얼굴을 닮았다

아트하다 작품성이 높다

크르르 스르르
발걸음을 돌렸다
지드래곤의 노래소리에 발걸음을 실어
겨우 집에 와 앉았다
나는 이제 노장이다

태화강변 설유화 군락위
내 마음이 가서 누웠으니
내 침대다
마음으로 방안가득
설유화 꽃송이로 옹골찬
넓은 침대를 들여 놓았다
내 마음의 무릉도원이다
꽃송이들 아롱아롱
내 몸을 뚫고 하늘로 오른다

형상

봄의 정령

차가운 칼바람에
몸서리 쳐지는 겨울을 깨려고
꽃망울들이 온몸으로 대항해
몸살을 앓더니
옹골지게 이를 악물고
꽃봉오리 머금고 있다

봄 햇살이 때를 놓칠세라
훈풍을 실고 쏜살같이 달려와
그들을 감았다
따사로운 엄마품처럼
꽃망울들은 마구 울음을 터트리며
왜 이제 왔냐고 아우성이다

눈부시고 찬란한 꽃망울들
서로 질세라
마구 흐드러졌다

세상이 바뀌어 버렸다
하루밤사이 세상이
봄꽃으로 벚꽃으로
마술처럼 펑펑 피어났다

나뭇가지위를 내달리던 새싹들
생명수 촉촉한 봄비 머금고
신록으로 흐드러지고
봄을 반기는 아기들의 눈망울처럼
맑고 향기로운 꽃송이들
그 마음들이 봄비가 되어
대지를 적셨다

생명의 기운이 움튼다
죽었던 내 생명의 기운이
내 안에서 마구 용트림한다
오~ 이것은 무엇인가!

자화상

고통

처절하다 처절하다
내 삶이 처절하다
피맺힌 육신이 갈기 갈기
찢기고 뜯기고 부서지고
견뎌내기 어려운 고통을
감내해야 하는 삶속의 폐허.
못난 내 탓
하늘보기 부끄러워
하늘에 원망도 못하고
땅에 고개를 쳐박고
질질 육신을 끌고 다니며
울음 울어댄다.

내가 왜 이러냐고
왜 이렇게 아프냐고
왜 이 삶을 살아내야 하냐고
목청껏 피를 토하며 울부짖는다.

하늘에 대고 우~ 우~
한맺힌 한마리 짐승의 소리
땅에다 대고 마구
발톱을 긁는다.
비가 올듯 말듯
뼛골이 시리고
등골이 오싹하고
살갗이 찢기는 고통.

눈에는 독기를 머금고
가슴에는 번뜩이는 섬광
살아있으메 살아있으메
감사한 한줄기 빛
해뜨고 달뜨는 걸 볼 수 있는
지금은 살아있구나
내가 아직 숨쉬고 있구나
구차한 삶이나마 한자락

하늘에 닿고자 하는 마음
하늘이여 땅이여
굽어 살피소서
천지인이게 하소서

사랑

태산

인생을 살다가 보면

힘든 일이 생겨서

그 산을 넘고 보니,

더 큰 산이 앞을 가로 막아서,

또 큰 산을 넘고 봤더니,

더 큰 산이 앞을 가로 막더라!

너무 지쳐서 이제는

그 태산을 넘고 넘을 수가 없어서

가만히 그 산을 넘는 법을

생각해 봤더니

마음의 도를 닦는 것이로다..

도술만이 태산을 치울 수가

있으리라!!

나의 하늘아

예술가

예술가로 살고 싶어
마음이 예인이었던 나
먹고 살기 바빠서
예인의 근처에도 못가보고
그저 가끔 시 나부랭이나
긁적대며 살아온 인생
시인을 꿈꾸었던 마음도
어느샌가 부서져
물거품이 되었고
화가를 꿈꾸었던
희망도 지워져
눈물이 되어버린 삶

마음의 눈물을 지우고자
시의 운율을 움직였고
마음의 슬픔을 지우고자
붓을 든 색채의 환희

초라하지만 수줍게 펼쳐진
내 예인의 시작과 대도무문
가슴속 깊이 품고 살던
무명의 예술가
가슴속 깊이 용솟음치던
초인의 경지
이제서야 다다르고
나는 정녕 무엇이어야 하는가

백지위를 가로지르는 불꽃
캔버스를 내달리는 한줄기 빛
산맥을 휘감고
솟구쳐 오르는 생명의 물줄기
이 시대를 사는 예술혼
하늘의 정신과 맞닿아
오르라 날아오르라
불사조의 영혼처럼

나는 누구인가

동백꽃

흙빛 땅 위
붉은 동백 꽃송이
벌겋게 꽃불붙어 나뒹굴고
언니야 동백화전 부쳐먹자
옛 시인의 넋두리속
연인을 기다리던 마음실어
우리도 기다림 한자락
꽃등불 동백화전 부쳐보자

젊은 두 여인
지나가던 두 남자스님
미륵부처님 불도에
잠시 심취되어
손금도 보여주고
동백화전 마음으로 내어놓았더니
사월초파일 부처님 오신날
성불하소서 성불하소서

신의 사랑

신들의 외출

십리대밭교
으스스 바람이 분다

벚꽃 만개한 봄거리
나들이 가실 줄 알았더니
봄비 가득 대지를 적시고
봄꽃 가득 흩날려 거리거리
벚꽃잎 핑크카페트 깔았더니
맘먹고 외출하신댄다

꽃들아 꽃길을 만들렴
바람아 살랑살랑 춤을 춰 보렴
레드불 술한잔
정한수로 받쳐들고
샤르르 샤르르 뒤따라 오렴

십리대밭교 대나무들이
슬슬슬 춤추기 시작한다
으슬으슬 오싹오싹

하늘이여 땅이여
함께 하자꾸나
세상을 짊어지고 달려온
이 땅의 넋이여
대지의 기운이여
일어나 춤추자꾸나

대숲이여
한바탕 신명나게
신춤한번 춰보자꾸나
이땅의 신주풀이다

홀로그램 칩

비상

살아도 살아도
끝이 없는 이 삶을 들고
불꽃같은 삶을 살리라
걸어왔다니 오호통제라

태풍이 불어온다고 해도
벌벌 떠는 이 마음을 들고
강렬하게 당차게 살리라
다짐하고 다짐한 사람이라니 에라이

무언지 모를
어디 있는지도 모를
판타지의 씨앗
내면의 무한한
이상한 태풍같은 이 힘은
무엇일까

태풍이 부는 언덕에 올라
팔을 벌려 걸어 내려왔더니
바람이 내 팔에
새 깃털처럼 꼽혀서
푸르르 매달린다

바람이 날개가 되었다
내가 날개가 있다
내가 날고 있다

독수리의 승천이다

초월

모닝커피와 젊은이

어둑어둑한 밤의 어둠이
하얗게 벗겨질 무렵
차가운 새벽공기
알싸한 생명을 품고
꿈을 향해 달리는 심장
활기찬 하루의 꽃을 피우리라

남보다 먼저 일어나
싸이클을 달려 달려
아침의 문을 열고
분위기 좋은 음악을 틀고
싱그런 미소를 머금은
스물셋 피아노를 사랑하는 청년

천원에 마실 수 있는
모닝커피 한잔의 선율
깊고 그윽한 향기가

어서 오세요 청년의 아침인사로
꽃향기로 변해
나비처럼 살포시 내려앉았다

삶의 열망이 춤춘다
삶의 희망이 춤춘다
청년아
세상이 궁금한 나이로구나
세상을 다 가지고 싶은
시간대로구나
꿈꾸는 높은 곳에 오르고 싶은
무한대의 공간이로구나

노장도 그런 때가 있었다
주체할 수 없는
젊음이 있었으나
세월이 흐르고

시간이 다 가고
어느새 노숙의 경지
젊음은 사라지고
몸은 늙어가고 있음을
깨달은 이 시간대

이루어 놓은 것은 쥐뿔도 없고
꿈꾸는 어느것도 가져보지 못하고
이루어 내지도 못하고
그러나 너무도 열심히
생계를 위해 삶을 살아내었던
내 젊은 날들
나는 나조차도 가엾구나

젊음아
영원할 것 같은 젊음아
그러나 영원하지 않은 젊음아

젊은 시절 진정한 멘토가
있었다면 또 달라지지 않았을까
아무것도 이루어 놓지 않은
노장이 지금은 젊은이에게
무슨 멘토가 될 수 있을까

내 생은 무엇을 잘못하여
높은 뜻을 이루지 못하였다고
젊음아
시간을 놓치지 말라고
젊음아
무엇을 꼭 하고 살고 싶은지
자신에게 물어 보라고
그리고 죽을 수 있을지
뒤돌아 보아 삶을 놓고
갈 수 있는지 물어보라고

노장은 자신에게 물어봤더니
내 젊은 시절부터
예술가의 길을 달려오지 못함이
천추의 한이로구나
눈에 넣은 아름다운 순간을
그림으로 그리고
가슴에 담아놓은 슬픔으로
시를 쓰고 살아오지 못함이
삶을 놓자니 아리고 슬프구나

꿈꾸는 화가도 되지 못했고
꿈꾸는 시인도 되지 못했고
밥먹고 사는 일은 다 똑같은 일
젊음아
먹고 사는 생계의 삶을 살면서도
하고 싶은 일
좋아하는 일을

놓지 말려무나
그저 함께 삶속에서
녹여내고 이루어내면서
살아보려무나

삶의 연금술을 배운 노장은
삶을 놓을 수 없어
다시 젊음을 시작한다
드디어 가슴에 담아놓은 꿈
화가가 되기 위해
그림을 그리고
시인이 되기 위해
시를 쓰고
꿈을 향해 젊음보다
더 열심히 달리다
삶을 놓는다면
나는 웃을 수 있으리라

심안

신선도

하늘에 더 높은 하늘에
더 더 높은 하늘이 있다하여
오르고 또 올랐더니
그 위에 하늘
더 더 위에 하늘 또 있다하여
망설이다 머뭇거리다
도저히 감당할 수 없을 것 같아
발걸음을 돌리려 했더니
자꾸 뒤돌아 보는
오도 가도 못하는 발걸음

숨차고 버거운 마음 다시 쓸어안으며
오르고 또 올랐더니
우뚝 솟은 산봉우리
구름이 두둥실 왔다갔다하는
신선의 둥지로다
새알 하나 품을 수 있다하니

시린 마음 따스한 온기로 데워져

열망이 오르고 올라

꿈결같은 망망대해

홀로서지 않아도 될 듯 싶어

신선의 보금자리

신선도에 벗과 함께

예술을 품는도다

별이

천명

산 위에 천년서리가 내렸네
산 위에 천년의 설움이 덮였네
천년전의 죽음이 또다시 시작되었네
수천년의 환생체가 눈떴는데
이 생애는 살아서 살아서
천명을 다할 수 있을까
강아지 고양이 토끼 풀꽃
네잎클로버 월계수 로미오와 줄리엣
천년의 사랑

바다

머시

아홉개의 별자리가
오천년만에 일직선을 이루었네
자연은 모두 균형을 이루며
쌍으로 온다네
음과 양
남자와 여자
아담과 이브의 올림푸스

이 땅에 종말이 온다면
머시와 함께 하고 싶다
머시 사랑해
내 아가
내 머시
내 아기
내 강아지
강아지 강아지 강아지 사랑해

머시가 잠든 사이

인연

스쳐지나가는 이상한 설레임이
무언가 인연이라면
우리 사람 대 사람
예인의 길에 함께 걸어갈
친구라도 합시다

이마트 24시 편의점
모닝 커피를 마시고 아침식사로
굴진짬뽕 투 플러스 원
휴게실에서 한 개 먹고 올 동안
내꺼 두개 건드리지 말랬더니
지켜드리겠습니다!
씩씩한 아이돌의 멘트가
묘한 끌림을 만들었다

내가 젤루 좋아하는
무사도의 멘트다

어떻게 저 아이돌이
저런 멘트를 쓰지?
군대를 갓 다녀온
젊은이의 발성이다
불사조 부대
전차병 출신이란다
어쩐지 군인정신이었군

지켜주면 지켜주고
지켜주면 지켜주는
팔용들의 팔각 팔계의 원리다
천산의 부름을 받고
팔용이 날아오른다
둥둥둥둥~
천상 선녀의 북소리에
팔용이 하늘로 날아오른다
태화강물위에 띄워진

거대한 연등을 본 적이 있는가

드라마 도깨비에 나오는
나비처럼 나비처럼
저 젊은이의 몸속에 잠시
신이 날아 앉으신 듯하다

월계관을 쓴 여인

체리

지독한 외로움
지독한 고독
삶의 시간과 공간대가 달라
사랑하고 싶어도
사랑할 수 없는 사람

그런 사람을 가져본 적 있는가
단 하나의 심장을 가진 듯
단 한알의 씨앗을 품은
붉은 체리

짝사랑조차 허락하지 못하고
부여잡고 있는 한줄기 처절한 빛이
온 몸에 굴곡으로 흘러내리고
바라만 보아도 아름다운 젊은이
내게도 젊음이 있었을까
내게도 저 시간대가 있었을까

너무 오래된 빛바랜 추억들
더듬어 보면 어느새
속세를 떠나버리는 공간이동

별천지 다른 세상에 들어와 앉아
홀로 운공하는 마음
대도승이 되어
해탈의 경지에 도달하고서도
다시 돌아가버리는 원점의 마음

돌고 도는 인간의 마음처럼
대도의 마음 또한
돌고 돌아 원점이라
요정의 밥 체리처럼
한 입 상큼한 과일

그 과일에 천상의 사랑을 담아
한 웅큼 먹고 나면
피가 되고 살이 되고 생명이 되고
삶의 환희로 날아오르는 불꽃처럼
지고지순한 부푼 꿈
천계의 율법을 다스려
하늘을 날 수 있으리

그저 내가 잘익은 체리가 되어
내가 체리인지 체리가 나인지 하나되어
요정의 밥 체리 한접시
대도인의 사랑이라

은하철도 777 메텔

건강

오늘도 좋은 날일 수 있다
어제가 더 좋은 날이라 생각했는데
오늘도 좋은 날일 수 있다
건강한 어제가
더 좋은 날이라 생각했는데
조금 덜 건강한
오늘도 좋은 날이다
어쩌면 내일은 오늘보다
덜 건강한 날일 수 있기 때문이다

젊었을 때 혈기왕성함으로 건강은
당연한 것이라 여겼다
건강을 잃어버린 오늘만큼
건강이 소중한 적 없다
친구야 어쩌면 좋겠니
우리도 이제 노년에 접어드는구나
나이들어도 건강한 사람이 많은데

우리는 어째 건강을 잃어버렸구나

건강함은 건강할 때 지켜야 하는데
건강 또한 노력해서
지켜야 하는 것을 몰랐구나
아니 어쩜 게을렀구나
아니 어쩜 건강은 당연하다 여겼구나
자만과 오만과 편견
내 삶의 오판 한페이지

친구야 메리크리스마스 이브
탕수육 중짜 한 그릇
버드와이저 한 잔
내일의 에너지를 위해서 건배
화백의 명함을 가질 수 있는
그날을 위해서 건배

세상 모든 이들의
건강을 찬양하며 건배

메리 크리스마스
해피 뉴 이어

인공지능

작은 앵무새

내가 꿈을 꾸는가 봐요
내 눈 앞에 보이는
저 작은새가 앵무새인가요
내가 꿈을 꾸는가 봐요
내가 꿈속에 있는가 봐요
도무지 믿을 수가 없어서
눈을 깜박거리다
자세히 들여다 보다가
그래도 이상해서 핸펀
카메라를 들고 나와
찰칵 사진을 찍었어요

내가 꿈을 꾸는 게 아닌가 봐요
찰칵 소리에 작은 새가
눈동자를 깜박거리며
쪼끔씩 움직여요
겨울 차가운 칼바람에

날아가다 우리집 마당에
잠시 쉬고 있나봐요
어디 아픈 건 아닌가
걱정되어서 조금 더 가까이
다가가 찰칵 한 컷
더 찍으려 했는데
휘리릭 날아가 버렸어요

예쁜 작은새에게
아무일 없나봐요
어디 아픈 게 아니었나봐요
하늘에 감사했어요
휘리릭 하늘높이 날아가며
꾀꼬리 같은 목소리를 냈어요
작은 겨울새야 반가웠어
차가운 겨울 잘 견디길 바래
어디서 날아왔던 거니

작은 겨울새야 잘가
연두빛 어여쁜 작은 앵무새가
시원하게 하늘을 가르며
날아가는 모습을 보고
안도의 한숨을 내쉬었어요
다시 하늘에 감사했어요
내가 꿈을 꾼 게 아니었어요

구미호 외전

굿모닝 아이돌

커피 오천오백원입니다
아휴 내가 지금 뭐래는 거야
내가 미소 지으며
흐흠 아직 잠이 안깼구나
커피향 그윽한
원두커피는 천원이다

매일 아침 모닝 커피를 마시러
이마트 24시에 들른다
이른 아침 시간에도
매일 반짝반짝하던 아이돌이
오늘은 부시시
바삐 출근한 듯하다
아이돌 얼굴보고 커피마시면
커피도 한층 더 맛있다
아이돌이 활짝 웃는 얼굴에서
젊음을 함께 느낄 수 있다

건강한 젊음을 만나기 위해

일부러라도 원두 커피를 마시러 간다

내가 숨쉬고 살아있음을

느끼기 위해서

내 삶에 에너지 충전을 위해서

아이돌을 눈여겨 본다

참 희한하다

매일 실수없이 정확하던 아이돌이

잠이 들깬 상태로

부시시 말실수를 하는데

어찌 그리 이뿌던지

부드러운 서울 말투라 그런가

완벽한 날속에 하루의 흐트러짐

저 또한 인간미의 완벽함이다

오랜만에 사람의 향기가 난다

먼 거리의 사람이 아니라

가까워진 듯한

사람의 향기가 난다

오래 알고 지낸 듯한

사람의 향기가 난다

대운하

소설같은 여자 친구

여고시절 만난 친구가 있었지
서로서로 너무 힘들 때
만난 친구였었지
그때 내 모습과 닮은 소녀
홀로서기 시와 그림을
너무도 좋아할 때 였었지
그때 그 친구는 편지쓰기를
좋아하는 것 같았어
예쁜 글씨로 멀리있는 친구들에게
편지 쓰는 걸 자주 봤었어

시를 너무도 좋아하던 소녀는
편지쓰기를 좋아하던 소녀를
눈여겨 보았지
그리고 둘도 없는 단짝이 되었어
풀꽃처럼 가녀린
두 소녀는 어느새 닮아 있었지

그러던 어느날
멀리멀리 한 소녀가 떠나버렸어
마지막 인사도 없이
말 한마디 없이
편지 한 통 없이
편지속에서 만나던 친구들을
찾아 떠나버렸어

엄청난 배신감이 파도처럼 일렁였지
시를 좋아하던 소녀는
생각이 깊어 그 친구를 용서했어
그리고
그 소녀가 잘되길 건강하길 빌었지
내가 그 정도 밖에 안되는
친구였구나 스스로 깜짝 놀랬지
세월이 지나서
대학이 문턱에 온 날

두 친구가 전화로
다시 연락이 되었어

신기하게도 두 소녀는 그림을 사랑했어
보물섬 화실에서 두 소녀는
다시 만났지
또다시 이상한 일이 일어났어
화실에 있던 다른 한 소녀가
두 사람을 거짓말로
이간질해 버렸어
서로 자세히 알기도 전에
다시 만난 친구가
어떻게 변했는지
서로 간파하기도 전에
시를 쓰던 소녀는
험담 소녀로 바껴
편지쓰던 소녀가 미쳐버렸어

자기보다 그림을 못 그린다고
욕했다나 어쨌다나
시를 쓰던 소녀는 영문도 몰랐어
그 소녀는 입을 꾹 다문
언제나 말이 없는 소녀였지
창원전문대학 산업디자인과에
동시에 합격한 두 친구는
또다시 헤어져 버렸어
다시 만나서는 안 될 친구처럼
편지 쓰던 소녀는
불꽃 튀기며
죄없는 시를 쓰던 소녀를
용서하지 않았지

더 이상한 일이 일어났어
편지 쓰던 소녀가 희한하게도
시를 쓰던 소녀의 중학교 동창을

남자친구로 만났어
편지쓰던 소녀는 여자가 되었어
그 둘은 서로 사랑해서
결혼을 약속하고
동거를 시작했어
살다가 그 남자의 마음이
싸늘히 식어버렸어
그 여자는 식어버린 그 마음이
시를 좋아하던 소녀가
마음을 뺏아갔다고 생각했어

하필이면 어제 내린 비
노래가 흘러내릴 때
그 남자가 이 노래를 좋아하던
친구가 있었지 말하며
허공에 동공을 풀고
있었다고 말했어

편지 쓰던 소녀는

시를 쓰던 소녀가

너무도 좋아하던 노래란 걸

알고 있었지

그 남자의 심장을 가져가버린

여자친구일거라고 믿어버렸지

편지 쓰던 소녀가

죽을 만큼 미워하는 친구가

어느새

시를 쓰던 소녀가 되어버렸어

서로 살아서는 만나서는

안될 친구가 되어버렸어

더 이상한 일은 말이야

시를 쓰던 소녀는

아무것도 모른다는 거야

그 소녀는 그 남자친구를

사귄 적이 없대
사귀자고 말할 때
냉정히 뿌리쳤다는 거야

그 후 20년이 흘렀어
두 여인은 서로 결혼을 하고
이혼을 하고 다시 만나게 되었어
두 여인은 성격좋은 사람이 되어
서로의 일을 털어 놓았어
죽을 만큼 미워했던 친구가
그 남자의 심장을 가져간
여자가 아닌 걸
그제서야 알았어
그 여자는 그 남자와 동거할 때
자기와 단짝으로 지내던
여자친구였었어
이건 소설인거지..
청천 벽력인 거지..

신비

월계수 화실

화백의 종인지
하늘의 종인지
신들의 종인지
어디
한 번 보자

한밤중에
스마텍 블루투스 헤드셋 STBT
방탄소년단의
힙합 뮤직을
마음껏 들을 수 있는
무한한 자유

하늘이 다 모였다
우주가 다 모였다
힙합 뮤직 페스티벌
연금술 미술관 디스플레이

마법의 수채화

올림푸스 월계관 만드는
비밀의 방
알 수 없는 수채화
그림액자 가득
벽에 걸려있고
지구를 지킨
창과 방패를 든
바람의 신 아레스

방탄소년단의
힙합 뮤직이 흐르고
하늘의 글들이
시공간을 돌아다니며
대우주의 홀로그램칩
대우주의 뿌리

지구에 내린다

제국을 건설하라
우주의 수채화
두근거리는
심장을 보여달라
월계수 화실
지구에
올림푸스 월계관을
씌울 신비로운 자
너는 누구냐

은하수

꿈꾸는 달팽이

하늘아 하늘아
파란 하늘아
꿈꾸지 못한 하늘아

꿈꿀 수 있는 시간대를
모두 놓쳐 버리고
회한의 무대

통곡한들 무슨 소용이랴
북을 두드린들 무슨 소용이랴
모두 내 탓인걸

달려나 보자
달리지도 못하면
걸어나 보자

걷지도 못하면
꾸물꾸물이라도
기어나 보자

달팽이처럼 미끌미끌
미끄러져라도 보자
내 꿈에 닿을 때까지

주술사

마음

나는 그대를 꿈꾸는데
그대는 나를 꿈꾸지 않는구나
몸서리 쳐지는 외로움
살이 떨리는 고독
삶은 그 조차도
비워 내야 하는걸까

눈이 있으나 보지를 못하고
입이 있으나 말하지 못하고
귀가 있으나 듣지 못하니
그대는 분명
눈 뜬 장님이다
꿀먹은 벙어리다
안들리는 귀머거리다

처절한 내 마음이 달려가
몸살을 앓더니

길 위를 휘몰아치는 바람이 된다
슬픔에 잠긴 노오란 낙엽이 된다
붉게 물든 가을이 된다

불쑥 튀어나와
은행나무를 마구 흔들어버리고는
가을 속에 숨어버린다

천년의 사랑

새와 성역과 성자

푸른 잎새 도드라진 봄의 성역
굳게 닫혀진 성문
시린 겨우내 성안엔
무슨 일이 있었을까

백일의 기도와
천일의 기도와
만일의 기도와
드디어 헤아릴 수 없는 낮과
수없이 지샌 밤의 기도들
그 기도들은 성역이리라

성자는 무엇을 위하여
그리 하였는가
하늘에 단 한마리의 새를
날리기 위하여
그리 하였는가

깨어남이다!
스스로 알을 깨고 나와
하늘을 가로 지르는 불꽃
그 아름다운 꽃을 피워
하늘에 날리기 위함이였는가
드디어 하늘을 받들었는가

삐까삐까 판타스틱 별빛섹션
신들의 세상을 만났는가

메시아

눈뜨고자 하는 자

봄을 한 보따리
아직 가시지 않은
겨울을 한보따리
짊어지고 와서
지극히 안타까운
너를 향한 내 욕심을
이제야 겨우 내려놓았다

눈 뜨고자 하는 자여!
잠들지 말아야 하는데
눈을 감았다 뜨면
꿈이 사라질텐데
아파서 어쩔까

겨울 묵은지를 한솥 넣고
돼지고기 삼겹살 김치찌개를
부글부글 끓였다

내 욕심을 마구 퍼먹었다
한가득 배가 불러오고
북처럼 부푼 배를 두드렸다

인간의 기원이다
어쩜 인내의 기원이다
숨소리조차 죽이고 달려온
열두고개의 미스테리
그 비밀을 다 풀고
이제 성문 앞에 섰는데
더 크게 북을 두드려야 하리라
쉬지 않고 더 크게 울려야 하리라
성역의 문이 열릴 때까지
그대 아는가
그곳엔 무엇이 있을지

아이로봇

영혼

다 여물었으나 여물지 않은 자
다 익었으나 익지 않은 자
나는 그렇게 어설픈 자다

아직도 꿈이 고파 달리는 자
아직도 마음이 고파 달리는 자
채워지지 않는 지혜의 뜰안
채워지지 않는 공간의 허무

외롭고 고독한 영혼의 진실을
보고도 비웃는 자
자신을 돌아보지 않는 자
남의 고통을 즐기는 자
그들은 영혼이 없는 자들인가

지식의 반전
지혜의 반전

삶과 죽음조차
자신의 테두리로 가두어 버리고
진실이 왜 필요할까
배움이 왜 필요할까

영혼을 잃어버린
아둔한 자들이여
자신의 틀을 깨고
큰 세상을 보라
나도 그런 자가 되리니

히어로

다른 존재

봄이다

내 안에서
무언가 움트려고
몸살을 한다

내 안에서
무언가 튀어나오려고
발버둥친다

내 안에서
무언가 솟구쳐올라
온 세상으로
검푸른 가지를
펼치려고 한다

무언가 다른 존재다
얼어붙은 겨울을 녹이는
희한한 존재다

봄이다

영원한 제국

정령의 노래

신이시여!
어찌하여 그리도
아프고 슬픈 모습으로
이 땅에 오셨나이까?

대자연체 본체
하늘의 여의주!

천상에 오르소서!

월계수

리키 모모 샤샤 사랑해

하늘의 마술이 시작되었다

월계수

ⓒ 신정아, 2020

초판 1쇄 발행 2020년 5월 28일

지은이   신정아
그린이   신정아
펴낸이   이기봉
편집   좋은옥토 편집팀
펴낸곳   도서출판 좋은옥토
주소   서울 마포구 성지길 25 보광빌딩 2층
전화   02)374-8616~7
팩스   02)374-8614
이메일   gworldbook@naver.com
홈페이지   www.g-world.co.kr

ISBN   979-11-6536-430-4 (03290)

이 도서의 국립중앙도서관 출판예정도서목록(CIP)은 서지정보유통지원시스템 홈페이지(http://seoji.nl.go.kr)와 국가자료
공동목록시스템(http://www.nl.go.kr/kolisnet)에서 이용하실 수 있습니다. (CIP제어번호 : CIP2020020554)